अनसुने लफ़्ज़

Dr. Vinay K. Gogne and Anupriya

BookLeaf Publishing

India | USA | UK

Presentation by BookLeaf Publishing

Web: www.bookleafpub.com

E-mail: info@bookleafpub.com

ISBN: 9789363301573

First edition 2024

मैं यह किताब अपने माता-पिता, डॉक्टर विनय कुमार गोगने और डॉक्टर पूर्णिमा गोगने को समर्पित करती हूँ।

आभार

सबसे पहले मैं अपने माता-पिता को धन्यवाद देना चाहती हूँ, कि उन्होंने मुझे पढ़ाया, लिखाया और अपने जैसा एक क़ाबिल डॉक्टर बनाया। मुझे इस योग्य बनाया कि एक दिन मैं उनके सभी सपने पुरे कर पाऊँ।

मैं अपनी माताजी की शुक्रगुज़ार भी हूँ क्यूँकि उन्होंने इस दुनिया को छोड़ने से पहले, यह सब कविताएँ मेरे लिए इकट्ठी करीं।

मैं अपने पती का भी धन्यवाद देती हूँ कि उन्होंने मुझे इस किताब पर काम करने का वक़्त दिया। मेरे माता-पिता के निधन के बाद मुझे बहुत सहारा दिया और मेरे जीवन को खुशियों से भर दिया।

भूमिका

बहुत गर्व महसूस करते हुए मैं अपने स्वर्गवासी पिता की कविताएँ लोगों तक पहुँचा रही हूँ। यह किताब मेरे दिल के बहुत करीब है, क्यूँकि इन कविताओं को पढ़ने से पहले मुझे अहसास नहीं था कि लफ़्ज़ों, किस्सों और कविताओं से मेरा जो लगाव है, वो मेरे पिता से जुड़ा है।

मेरे माता-पिता का सबसे कीमती तोहफ़ा था शिक्षा। इसी शिक्षा ने मुझे आत्मनिर्भर होने की क्षमता दी। उनके साथ मेरा मुख्य संबंध चिकित्सा के माध्यम से था। हालाँकि, उनके निधन के बाद ही मुझे पता चला कि उन दोनों की अन्य पेशेवर आकांक्षाएँ थीं। जहाँ तक मेरे पिता का सवाल है, मुझे बताया गया है कि वह एक लेखक बनना चाहते थे। जब मैंने उनकी रचनाएँ पढ़ीं, तो मैंने पाया कि मेरे कविता लिखने के तरीके में उन्हीं की झलक दिखती है। मुझे यह जानकर खुशी हुई कि हम दोनों में केवल चिकित्सा का ही नहीं, बल्कि कविता के प्रति भी प्रेम था।

मेरे माता-पिता ने हमेशा पढ़ाई-लिखाई पर ज़ोर डाला। सोना-चाँदी और पैसे से ज़्यादा विचारों, शब्दों और ज़िन्दगी के अनुभव को अहमियत दी। मेरे लिए यह तोहफ़ा सबसे कीमती साबित हुआ। इस किताब के रूप में, आज मैं उन्हें एक तोहफ़ा दे रही हूँ।

पराया ग़म

आज नहीं है उनकी मर्ज़ी

आज न जाना, उनके पास,

किसी के कुछ कहने पर

आज उनका मन है उदास

सांझ का सूरज डूबा,

छाई रात सी काली उदासी,

बेचैनी का माहौल है,

और ये शाम खफ़ा-ख़फ़ा सी

जी चाहे, मैं आसरा बनके

उनका दर्द मिटा दूँ,

क़िस्मत से झगड़ना छोड़ दें शायद,

मैं ऐसी कुछ सलाह दूँ

मगर अभी आश्वासन के

क़ाबिल नहीं वो

ज़ख्म अभी भी हरे हैं उनके,

मनमौजियों की टोली में

शामिल नहीं वो

ये ज़ख्म भरने में

थोड़ा वक़्त लगेगा

चलो ठीक है, ये दीवाना दिल,

तब तक उनके नख़रे सहेगा

पर भोर होते ही

सारे गिले-शिक़वे,

पीछे छोड़ आना

नया दिन नए तजुर्बे लाएगा

ज़रा कोशिश करना, ना-उम्मीदी से मुँह मोड़ आना

देखो सब तुम्हे कितना चाहें,

यहाँ सभी तुम्हारे मददगार

इनपर, मुझपर, ज़िंदगी पर

भरोसा कर के तो देखो,

फिर कभी ना छाएगा ऐसा अंधकार

दीवानों की नादानियाँ

आज उनसे है वादा-ए-मुलाकात

कुछ बेताब, ज़रा बेसब्र

मेरे जज़्बात

फूलों के उस बाग में,

इक सुरीले राग में

कब शुरू और कब ख़त्म

प्यार के वो नगमा-ए-ग़म

अरे पर ये क्या?

जोश में खोके होश

मैं कुछ भूल रहा

एक साल हुआ उनसे बंधन बाँधे

रोज़-रोज़ की भागम-भाग में

मैं भूल गया हमारी सालगिरह

डर लगता है उनके गुस्से से

थोड़ी तो ज़रूर होगी अन-बन

पर मैं हूँ बड़ा सयाना,

प्यार भरे लफ़्ज़ों से फिर जीत लूंगा उनका मन

जब मैं पहुँचा उस बागीचे में

ढूंढ़ते-ढूंढ़ते थक गया, पर वो ना मिले

निराश हो, घर गया

दिल में लिए शिकवे, और गिले

घर पहुँचा तो जाना,

एक ये मज़े की बात

दरअसल वो भी कुछ भूल गए थे

आज की तारीख़,

और हमारी मुलाक़ात

हंसने लगे दोनों भी सुनके

एक दूसरे का इकबाली बयाँ

गले लगाया, दिल बहलाया

दो पल में उलझन सुलझ गई

जब दिल से, बोली प्यार की ज़बाँ

एक दीवाना

एक दिन ज़िंदगी की राह में

राही चौंका, फिर थम गया

मन था उसका विचलित

क्या-क्या था उसको तकना

अभी-अभी तो शुरुआत हुई है

अभी और बहुत कुछ है उसको करना

करने और कर सकने में,

हुई आपसी तक़रार

तकमील करने की जल्दी में,

दीवाना हुआ बेक़रार

नादाँ था दीवाना

तनमन समर्पित कर, तन्हाईओं में तनता

किसी से ना कहता, किसी की न सुनता

सही-गलत के लिए, अकेले ही लड़ता

अभागों का साथी, क़िस्मत से झगड़ता

थक जाते कदम

दुख जाता था दिल

मगर उम्मीद कभी न छोड़ता था

सच्चे दिल से भरोसा करता

सरल था मन उसका,

उसी में दिन भर ख़्वाब पिरोता था

कहीं गुम थे वो ...

उनके सहारे में, कुछ कमी सी थी

वो मेरे साथ में थे भी, और नहीं भी

अपने ही ख्यालों में गुम थे वो

वो रात भी कुछ थमी-थमी सी थी

कंधे का सहारा दिया तो था

पर उनकी हमदर्दी में नर्मी, थोड़ी कम सी लगी

प्यार से आग़ोश में भी लिया तो था

मगर साँसों की गर्मी, थोड़ी कम सी लगी

उनकी मुस्कराहट में भी,

इक हिचकिचाहट सी थी

शायद नाराज़ थे वो ज़िंदगी से

तह-ए-दिल से हंसने में,

कुछ रुकावट सी थी

कुछ खो गया था शायद

चंचल नैन भटके-भटके, कुछ ढूंढ रहे थे

या फिर कुछ छिन गया होगा,

काँपते हुए, बंद लबों के पीछे

इक अनसुनी चिल्लाहट सी थी

आओ आगे बढ़ें

एक दिन बोले वह विद्वान,

करके बहुत सा ध्यान

आज जो आगे है, कल शायद पीछे रह जाए

क़िस्मत का खेल-कुलेल है ये, ज़रा देख लेना

वक़्त का तालमेल है ये, ज़रा सोच लेना

फिर वह बुद्धिमान,

बांटने लगे ये ज्ञान

कि, क्या हुआ अगर

कुछ पीछे रह भी गया तो

नए दिन के साथ

पकड़ो इक नई डगर

अब आगे कदम है बढ़ाना

नए ख़्वाब सजाना

तो फिर क्यों दिल दुखाने वाली

वो बीती बातों को दोहराना

ज़िंदगी और मौक़े देगी

आओ अब चल पड़ें, नया लक्ष्य जो है पाना

चाहत है मेरी कि एक दिन मैं ...

चाहत है मेरी कि

एक दिन एक ऐसी कायनात बनाऊँ

हर कोई सोचे, इक दूजे का भला,

इस दुनिया से नफ़रत को मिटाऊँ

चाहत है मेरी कि

हर एक मनुष्य को ये समझाऊँ

खुश रहना है तोह, कोई मक़सद ढूंढो

मुश्किलें आईं तो क्या?

आओ तुम्हें मैं, मुश्किलों का मक़सद बतलाऊँ

चाहत है मेरी कि

मैं भी मिलूं इक प्रिय से, और

उसके दिलचस्प विचारों को

अपने दिल में समाऊं

हम दोनों जो मिल गए, उस शक्ति को

इस दुनिया को दिखलाऊँ

चाहत है मेरी कि

उन फूलों में बस जाऊं

मंदिर सजाऊँ, महक फैलाऊँ

तुम्हारी दुआओं के संग हो चलूँ

मैं भी प्रभु के साथ जुड़ जाऊँ

धूप

क्या आज कहूँ दिल की बात?

समझा ना कि इस पल में

मैं ख़ुश हूँ, याँ हूँ उदास

कभी अमावस, कभी पूर्णिमा

एक चाँद, दो रूप

कभी उजाला, कभी अँधेरा

कहीं छाँव, कहीं धूप

अलग भी ना हो सका उनसे

पर जुड़ भी तो ना पाया कभी

बर्फ में गर्मी कितनी, तुम्हारी

समझ में ना आया कभी

कोई कुछ कहता, तो

कोई दूसरा कुछ और बताता

ऐसे में मन उलझ सा जाता

सबकी राय सुनी मैंने

सभी की सलाह परख ली

पर आख़िरकार, सिर्फ अपने

आवारा दिल की ही सुनी

मेरी प्रिय सहेली

मैं बलखाता, वो इठलाती

मैं मुस्काता, वो शर्माती

मेरी ख़ामियों से ना घबराती थी वो,

हर दिन इक नई राह दिखलाती

कभी-कभी मेरे दिल की

धड़कनें कुछ ऐसे बढ़ जातीं

पसीना टपकता माथे से

साँसे बेचैन हो जाती

जब भी ऐसे, बच्चों सा डरा-डरा मैं

गोद में मेरा सर रख, बालों को सहलाती

कभी जीवन लगता बेढंगा सा क्यों है?

कोइ अच्छा, तो कोई बुरा सा क्यों है?

बीते लम्हों का मतलब समझाती

बढ़ती उम्र के साथ बढ़ती,

उसकी चंचलता और होशियारी

कितनी दफ़ा मेरे बिगड़े काम बनाये उसने,

किस्मत वालों को ही नसीब होती ऐसी यारी

कल तक मेरी थी वो,

आज भी लगे वो मेरी

सारी उम्र साथ खेली मेरे,

मेरी वो प्रिय सहेली

दर्द-दिल

क्या तुमने सोचा

कि जब मैं लिखता हूँ,

मैं बहुत कुछ सोचता हूँ?

अरे नहीं दोस्त

मैं तो बस, अपना दर्द दिल बयाँ करता हूँ

ये जो एक गहरा ज़ख्म है,

मेरी रूह को चुभता

उसी के किस्से लिखा करता हूँ

शायर तो बहुत हैं शहर में मेरे

बड़ी-बड़ी बातें, अलबेले शब्दों का पिटारा

मगर कुछ ही दिल का सच बताते

जैसे कि मैं लिखा करता हूँ

सीधी-सादी

सीधी थी वो, सादी थी वो

बातें करने में माहिर थी वो

दिल में दया-भाव लिए

उलझनें सुलझाने के लिए

हमेशा हाज़िर थी वो

सुरीली आवाज़, कुछ नशीली, कुछ ख़ास

हर कोई पहुँचा उस तक, जो भी था उदास

बातों में खो जाता उसकी

फिर और कुछ ना आता रास

व्याकुल मन शांत हो जाता,

सुनकर उसकी बातें

मस्ती से भरे वो दिन थे,

ख़्वाबों से सजी वो रातें

बात चाहे कड़वी हो,

लगा देती उसमें शक्कर का घोल

उसके हर एक शब्द में सहानुभूति थी,

उसका अपनापन था बड़ा अनमोल

क्या होता है प्यार?

क्या होता है प्यार?

क्यों होता है प्यार?

तेरे दिल, और मेरी रूह में,

क्यों एक-सी झंकार?

तू झट से कुछ बोले, मैं पट से मान जाऊँ

तेरा मुझपर कुछ ऐसा अधिकार?

क्या तुम भी मेरे प्यार में

कुछ यूँ ही पागल सी?

कभी हाँ तो कभी ना कहती हो

दिल में बनी रहती इक हलचल सी

आँखों से घायल करना,

तो कोई तुमसे सीखे

बस तुम्हारी ही ओर,

दिल की डोर मुझे खींचे

पर एक कदम आगे जो बढ़ता मैं,

दो कदम पीछे ले लेती तुम

सपनों में दिखती इक झलक,

फिर जाने कहाँ खो जाती गुम?

तुमसे मिलने से पहले जो था मैं,

वो ना रहा तुम्हारे बाद

कहाँ छुपी हो, अब मिल भी जाओ,

दिन-रात सताती तुम्हारी याद

नसीहत

आगे बढ़ने की चाह में,

कुछ छोड़ आया पीछे

ऊपर चढ़ने के उत्साह में,

झझक छोड़ आया नीचे

फिर भी कहीं छुपा एक

डर सा था दिल में

पाने की जल्दबाज़ी में कोई अपना खो न जाए,

कहीं मैं अकेला ना पड़ जाऊँ मुश्किल में

मार्गदर्शक की खोज में निकला मैं,

और इक विद्वान को मैंने गुरु बनाया

ध्यान से सुनकर उनकी बातें,

मुझमें फिर से साहस आया

चलने लगा नई राह पर राही

उत्सुक मन, देश-विदेश मँडराया

:

जब-जब अड़चन आई सफ़र में,

गुरूजी का उपदेश ध्यान में आया

मुश्किल घड़ी में मदद लेना उनसे,

उस घड़ी, जिनसे प्रभू ने मिलवाया

और भूल ना जाना उस दुख को

जिसने इतना रुलाया

गुरूजी थे ऐसे ज्ञानी,

कि दुख में भी सुख ढूँढना सिखाया

ऐसी नसीहत जो बसी ज़हन में,

फिर दिल कभी घबराने से ना घबररया

अनजान डगर, लम्बा सफ़र

कहीं नाले हैं,

कहीं है खाई

खाई की अनूठी गोल-गोलाई

कहीं पर्वत हैं,

कहीं समुंदर

समुद्र की असीमित गहराई

कहीं पत्थर हैं,

कहीं बाग-बगीचे

हरे-भरे बागों में कुदरत रंग लाई

कुछ मंज़िलें दो कदम पर हैं,

और कुछ बहुत दूर

थके पाँऊ पर रुकना मत,

चलते जाना मेरे भाई

क्यूंकि पहुँचोगे जब उस ऊँचे शिखर पर,

साड़ी थकान मिट जाएगी

राहत मिलेगी रूह को, और लगेगा

जैसे फिर जान में जान आई

दूरी

आज मुहब्बत रंग लाएगी

कहीं आज वो टकराएगी

फिर ज़रा सा इठलाएगी

पर मुश्किल है कि,

आज वो मुस्कुराएगी

क्यूँकि आज उदासी थोड़ी ज़्यादा है,

दिल में मचा बवाल

आख़िर अब तक प्रियवर,

क्यों ना मिले इस साल?

रोते-रोते आँखें सूख गईं

क्यों थी इतनी लम्बी दूरी?

प्रेम तो बहुत था उसके दिल में,

पर प्रीतम बिना, प्रियतमा रही अधूरी

मैं और तुम

तेरे-मेरे बीच में, कैसी है ये दूरी?

कई जन्मों का हमारा नाता,

पर कहानी आज भी लगे अधूरी

कड़ी दिक्कतों के मारे,

हम कभी हिम्मत ना हारे

तुमसे मिलने के बाद ही तो,

भटकती इस नाव को मिले किनारे

एक दूसरे की आँखों में खोए,

ख़ुशी के आँसूं भी साथ-साथ रोए

वक़्त यूँ ही निकलता चला,

एक दूजे के सहारे

मोहब्बत

क्या तुमने कभी किसी को दिन-रात सोचा है?

क्या तुमने कभी प्यार का फ़साना लिखा है?

क्या तुमने कभी किसी की राह देख, आँखें नम की हैं?

साथ में जीने-मरने की कसमे ली हैं

क्या तुमने किसी को ख़ूब हंसाया है?

फिर अगले ही पल में बेरहमी से रुलाया है

क्या आँसू पोछने को अपना रुमाल दिया था?

फिर माफ़ी मांगी, और क़िस्मत से समझौता किया था

क्या तुमने कभी अचानक ही, खुशी महसूस की है?

ग़म आए भी तो क्या, तहे दिल से,

किसी से मोहब्बत की है?

लुक्का-छुप्पी

नैनों की लुक्का-छुप्पी देखो

कुछ बेताबी, और थोड़ा सा डर

यौवन के खेल, खेलना चाहें

दीवानों सी भटकती इधर-उधर

ढूंढ रहा था चंचल दिल,

इक नया सा अहसास

धड़कने लगा तेज़ी से ये,

जो तुम आए थोड़ा पास

मन उत्सुक हो रहा, तुम्हें जानने को

इस नए दौर में, किसी को अपना मानने को

घंटों-घंटों बातें करते

जब बैठते साथ-साथ

बातों-बातों में जाने कब पकड़ लीया, तुमने मेरा हाथ

दिल ख़ुशी से बाग-बाग हुआ,

जो मिले हाथों से हाथ

नए अरमानों के फूल खिले,

रात ले आई तारों की बारात

तुम्हारा ही इंतज़ार था शायद,

इक भूली सी तमन्ना आख़िर हुई पूरी

मिला कोई थोड़ा अपने जैसा, थोड़ा अलग भी,

और अब मैं ना रही अधूरी

ख़ुशी का मेला

झूमो नाचो गाओ,

आज ख़ुशी का मेला है

कहीं मिठाई, दूध-मलाई,

तो कहीं बर्फ का ठेला है

मस्ती भरी शाम है, और हलचल भरा,

ये माहौल बड़ा अलबेला है

पर यह क्या? प्रिये नहीं है साथ में उसके

ये तो कुछ झमेला है...

सजीले अंदाज़ फिर किसकी ख़ातिर?

काला सूट, चमकते बूट, वो लाल रुमाल

मनोहर बोली उसकी, और इश्क़मिज़ाज थी चाल

इतना ख़ुशनुमा था बाँके लाल,

फिर भी क्यों आज अकेला है?

वफ़ा

वो ना कह सकी, और मैं ना सुन सका

कुछ थी उसकी अदा, और कुछ मेरी

वो ना समझ सकी, मेरी चाहत क्या है

और उसकी मजबूरियाँ मैं ना समझ सका

वो रूठी रही, मैं मनाता रहा

वो ना हस्ती थी, मैं ना मुस्कुरा सका

एक कदम आगे लेती, फिर दो कदम पीछे

कभी पास आना चाहती, पर थोड़ा हिचकिचाती

पलकों पर बैठे थे मोती क्यों, मैं ना समझ सका

वो थी किसी और की वफ़ा, मैं ना समझ सका

दीवानगी

वो ना समझे कि,

क्यों हमने उन्हें याद किया? क्यों हमने उन्हें बुलाया है?

कभी हमने उन्हें हिम्मत दी, और फिर हमने ही रुलाया है

हो सकता है कि,

वो मेरे प्यार को जाने आज,

उसकी ताकत को पहचाने आज,

नज़रों की गुज़ारिश शायद माने आज

आग़ोश में ले लें और,

मेरा दीवानापन कुबूल करें

हैना हैना हैना?

जिंदगी एक पहेली

क़िस्मत ढूंढ़ती हल, हैना?

आज जो पीछे रह गया है

सबसे आगे होगा कल, हैना?

कहीं क्रूरता, मारा-मारी, और बेइन्तेहाँ लाचारी

फिर भी कीचड़ में खिलता कमल, हैना?

दिल राज़ी, पर मन में नाराज़ी

दिलो-दिमाग में हलचल, हैना?

चलते-चलते अचानक रास्ता खो जाए

ज़िंदगी की उथल-पुथल, हैना?

हंसते-हंसते रोना आ जाए,

कुछ ख़ुश और कुछ ग़मगीन पल, हैना?

सत्ता, ज़मीन, और इज़्ज़त की लड़ाई में,

कितने बेकार ही शहीद हुए

कुछ ऐसा कर जाना कि,

मनुष्य की सोच जाए बदल, हैना?